AF312054

CATALOGUE

DES

OEUVRES

PROVENANT DE L'ATELIER

De Feu GODEFROY DE HAGEMANN

ET DES

ŒUVRES OFFERTES PAR DIFFÉRENTS ARTISTES

A sa Veuve et à ses Enfants

DONT LA VENTE AURA LIEU

HOTEL DROUOT, SALLE N° 1

Les Lundi 5 et Mardi 6 Avril 1880

A DEUX HEURES PRÉCISES

EXPOSITION PUBLIQUE

Le Dimanche 4 Avril 1880, de une heure à cinq heures.

M° QUÉVREMONT	**M. GANDOUIN**
COMMIS^{re}-PRISEUR	EXPERT DES DOMAINES NATIONAUX
Rue Richer, n° 46	Rue Le Peletier, n° 42

PARIS — 1880

CONDITIONS DE LA VENTE

———

Elle sera faite au comptant.

Les Acquéreurs paieront CINQ POUR CENT, en sus des adjudications, applicables aux frais.

Œuvres de G. de HAGEMANN

DÉSIGNATION

1 — Chèvres dans un taillis.

H. 25 c. L. 20 c.

2 — La Mare aux Fées.

H. 32 c. L. 40 c. 1/2.

3 — La Brouette de fumier.

H. 42 c. L. 33 c.

4 — Lisière de bois.

H. 37 c. L. 30 c. 1/2.

5 — Vue près Barbison.

H. 46 c. L. 55 c.

6 — Bûcheron en forêt.

H. 46 c. L. 61 c.

7 — Paysage (Effet de neige).

H. 37 c. L. 60 c. 1/2.

8 — Paysage.

H. 62 c. L. 82 c.

9 — Matinée de printemps.

H. 62 c. L. 84 c.

10 — Chevaux au repos.

H. 16 c. L. 21 c. 1/2.

11 — Marée basse à Saint-Malo.

H. 24 c. L. 32 c.

12 — Coupe de bois.

H. 27 c. L. 21 c. 1/2.

13 — Vue à Saint-Enogat.

H. 38 c. L. 55 c.

14 — Barques à marée basse (Saint-Malo).

H. 23 c. L. 32 c.

15 — Cheval (Etude).

H. 23 c. L. 32 c.

16 — Autre Étude de cheval.

H. 23 c. L. 32 c.

17 — La Mare à Barbison.

H. 27 c. L. 42 c.

18 — Vue en Bretagne.

H. 27 c. L. 42 c.

19 — Vue de Saint-Malo.

H. 23 c. 1/2. L. 32 c.

20 — Dormoir aux vaches.

21 — Etude de bouillon blanc.

H. 28 c. L. 10 c.

22 — Etude de pommes.

23 — Etude de pêches.

24 — Etude de pêches.

25 — Repos de caravane.

H. 31 c. L. 46 c. 1/2.

26 — Rive du Bosphore.

H. 29 c. L. 44 c.

27 — Etude de caroubier.

H. 40 c. L. 32 c.

28 — Campement de tribu nomade

H. 26 c. L. 34 c.

29 — Vue à Péra.

H. 24 c. L. 31 c.

30 — Etude de palmiers.

H. 39 c. 1/2. L. 32 c.

31 — Rue au Caire.

H. 32 c. L. 24 c.

32 — Un Caravansérail.

H. 21 c. L. 32 c.

33 — Place au Caire.

H. 26 c. L. 35 c.

34 — Soleil couchant au Désert.

H. 21 c. L. 26 c.

35 — Cultivateurs aux bords du Nil.

H. 21 c. L. 32 c.

36 — Vue prise aux bords du Nil.

H. 26 c. L. 34 c. 1/2.

37 — Caravane en marche.

H. 40 c. L. 32 c.

38 — Cour de caravansérail.

H. 20 c. L. 32 c.

39 — Tentes aux bords de la mer.

H. 21 c. L. 32 c.

40 — Ruines romaines aux bords de la mer Rouge.

H. 19 c. L. 24 c. 1/2.

41 — Marché près du Caire.

H. 20 c. L. 31 c. 1/2.

42 — Le Désert.

H. 21 c. L. 32 c.

43 — Le Soir, près Constantinople.

H. 30 c. 1/2. L. 21 c.

44 — Place à Constantinople.

H. 15 c. 1/2. L. 27 c.

45 — Campement d'Arabes.

H. 21 c. L. 32 c.

46 — Marchand turc.

H. 23 c. L. 18 c. 1/2.

47 — Route près Constantinople.

H. 20 c. L. 32 c.

48 — Barques sur le Bosphore.

H. 24 c. 1/2. L. 32 c.

49 — Repos de marchands.

H. 26 c. L. 21 c. 1/2.

*

50 — Minaret au Caire.

H. 31 c. 1/2. L. 15 c. 1/2.

51 — Vue près du Caire.

H. 17 c. L. 26 c.

52 — Barques à Suez.

H. 23 c. L. 31 c.

53 — Campement près Alexandrie.

H. 21 c. L. 32 c.

54 — Rue à Constantinople.

H. 46 c. L. 32 c.

55 — Vue à Alexandrie.

H. 46 c. L. 32 c.

56 — Motif d'architecture orientale.

H. 32 c. L. 24 c.

57 — Campement (Crépuscule).

H. 21 c. L. 31 c. 1/2.

58 — Minaret à Alexandrie.

H. 32 c. L. 20 c.

59 — Intérieur d'atelier.

H. 30 c. L. 30 c.

60 — Canard.

H. 27 c. 1/2. L. 43 c.

61 — Etables.

H. 27 c. L. 42 c.

62 — Atelier.

H. 26 c. L. 39 c.

63 — Atelier.

H. 26 c. L. 39 c.

64 — Dormoir aux vaches (Forêt).

H. 27 c. L, 42 c.

65 — Étude de pommiers.

H. 23 c. L. 31 c.

66 — Bords de la Seine.

H. 27 c. L. 42 c.

67 — Paysage.

H. 42 c. L. 27 c.

68 — Marée basse à Saint-Enogat.

H. 23 c. L. 32 c.

69 — Station de Bourron.

H. 19 c. L. 40 c.

70 — Village (Marlotte).

H. 16 c. L. 18 c.

71 — Campement de Bédouins dans le désert.

H. 31 c. L. 50 c.

72 — Sous-Bois (Automne).

H. 30 c. L. 45 c.

73 — Port d'Alexandrie.

H. 28 c. L. 43 c

74 — Études diverses.

AQUARELLES

—

75 — Fleurs.

76 — Taillis en forêt.

77 — Étude à Bourron.

78 — Paysanne au repos.

79 — Francs-Tireurs (forêt de Fontainebleau).

80 — Puits à Marlotte.

81 — D'après nature.

97 — Plaine de Marlotte.

98 — Carrière.

99 — Campagne de Rome.

100 — Chien couché.

101 — Canal à Nemours.

102 — Marlotte.

103 — Bateaux à Nemours.

TABLEAUX

OFFERTS PAR LES ARTISTES SUIVANTS

A Mme veuve de HAGEMANN et ses Enfants

BARILLOT

104 — Port de mer.

BEAUVERIE

105 — Paysage près Auvers.

BELLANGER

106 — Désir d'amour.

BENETTER

107 — Vue de Oosterhooft, à Ostende.

BENNER (Jean)

108 — Italienne.

SARAH-BERNHARDT

109 — Tête d'étude (Femme).

BOUDIN (Eugène)

110 — Port du Havre.

BESNUS

111 — Gardeuse de bestiaux.

111 *bis* — Paysage.

BILLOU (P.)

112 — Une Éducation difficile.

BREST (Fabius)

113 — Fontaine de la marine, à Alger.

BRIZARD

14 — Paysage (Effet du matin).

CATOIRE

115 — Étude de bouleaux.

CICÉRI (Eugène)

116 — Paysage.

CORMON (Ferdinand)

117 — Le Farniente.

COUTY

118 — Rue à Marcoussis (Seine-et-Marne).

DAMERON

119 — Egilse Saint-Jean. près Douarnenez (Finistère).

DAMOYE

120 — Bords de la Touque.

DAUBIGNY (Karl)

121 — Paysage.

DAVID (Gustave)

122 — Espagnol buvant à la régalade.

Aquarelle.

Au revers, un Bibliophile (Dessin).

DELPY (H. C.)

122 *bis* — Bords de la Seine. à Sannois.

DESBOUTINS (E.)

123 — Ma Famille.

Eau-forte.

DESBOSSES

124 — Paysage.

Aquarelle.

DIEN (Achille)

125 — Marée basse.

Fusain.

DUPAIN

126 — Vue des côtes d'Étables, près Pontrieux

DUPRAY (Henri)

127 — Un Marin (Souvenir du siége de Paris).

DUVAL GOZLAN

128 — Une Cour de ferme.

ELMERICH

129 — Paysage.

FANTIN LATOUR

130 — Douze Lithographies. Épreuves rares.

FEYEN (Eugène)

131 — Vues des Côtes de Roscoff.

FILOSA

132 — Jeune Femme brodant.

Aquarelle.

FLORNOY (John)

133 — Port de Bougival (Effet d'hiver).

FROMENT

134 — Le Feu.

Gouache

GAILLARD

135 — Portrait du Pape Pie IX.

Belle épreuve d'essai.

GHIRARDI

136 — Paysage.

Aquarelle.

HERST (Auguste)

137 — Ferme près d'une mare.

Aquarelle.

HOUSSAY (Jeanne)

138 — Jeune Fille réfléchissant.

INNOCENTI

139 — Un Jour d'été.

JEANNIN

140 — Bouquet de fleurs.

KIN (Robert)

141 — Pochade à la gouache.

LAPOSTOLET

142 — Vue prise à Dieppe.

LAVIELLE (Eugène)

143 — Entrée de futaie (Bas-Breau).

L'HAY (Michel de)

144 — Effet de brouillard au cap de la Hague.

LEMATTE

145 — Deux Croquis à la sanguine rehaussée.

LUMINAIS

146 — Baigneuse surprise.

Croquis à la sanguine.

MASSON (BENEDICT)

147 — Jeune Fille portant des fleurs.

Sanguine rehaussée.

MAUREAU

148 — Vue au Bas-Meudon.

MARE (T. DE)

149 — Les Angoisses.

Belle épreuve d'essai d'après le tableau de M. Schenck.

MATHILDE (Mme la princesse).

150 — Type de femme grecque.

MICHEL (Ch.)

151 — Une Danaïde.

MONGINOT (Charles)

152 — Hochet, Gobelet et Coquetier, Nature morte.

MOUILLON (A.)

153 — Sous-Bois.

MURATON (A.)

154 — Vendéenne au repos.

NOEL (JULES)

155 — Marée basse.

Aquarelle.

NOIROT (E.)

156 — Paysage.

NOIROT (E.)

157 — Paysage.

Fusain.

PALIZZI

158 — Chèvre.

PATA

159 — Vue de Suisse.

PENNE (O. DE)

160 — Chiens en forêt.

PERAIRE (PAUL)

161 — Bords de la Seine.

PILLE (HENRI)

162 — Seigneurs à la porte d'une hôtellerie.

Plume aquarellée.

PROTAIS (ALEXANDRE)

163 — Cuisinier du 21ᵉ de ligne.

ROLL (ALFRED-PHILIPPE)

164 — Tête d'étude.

RONGIER (Jeanne)

165 — Paysage.

Aquarelle.

ROSSI (H. de)

166 — Souvenir dn Havre.

Esquisse à l'essence.

SAINTIN (Henri)

167 — Paysage.

SAINT-PIERRE (G.)

168 — Négresse jouant du tambourin.

SERRES (Antony)

169 — Artiste peignant d'après nature.

SERRES (L.)

170 — Paysage.

SPECHT (Émile de)

171 — Ruines près d'Oran.

TEINTURIER

172 — Mare aux Fées (forêt de Fontainebleau).

VALADON

173 — Un Coin de cellier.

VERON (Alexandre-René)

174 — Le Verger.

VEYRASSAT

175 — Chasse aux alouettes.

Dessin rehaussé.

YON (Ed.)

176 — L'Etang.

———— ❦ ————

Vᵉˢ Renou, Maulde et Cock, imprˢ de la Compagnie des Commissaires-Priseurs,
rue de Rivoli, 144   5183